CATALOGUE

DE LA

BIBLIOTHÈQUE

POPULAIRE

DE GRAÇAY (Cher)

BOURGES
IMPRIMERIE COMMERCIALE (P. BARANGER, Dir^r.)
5, rue de l'Arsenal, 5.

—

1879.

CATALOGUE

DE LA

BIBLIOTHÈQUE

POPULAIRE

DE GRAÇAY (Cher)

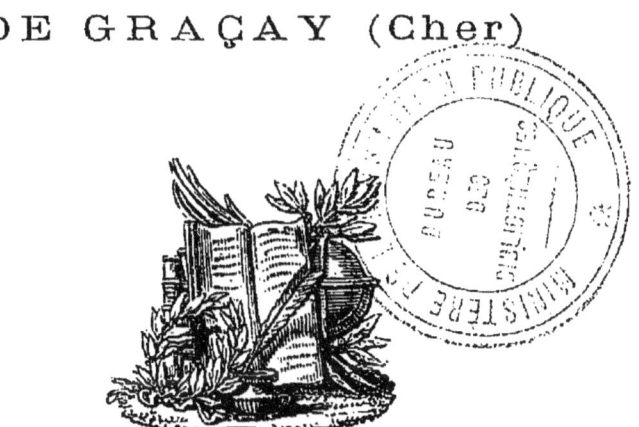

BOURGES
IMPRIMERIE COMMERCIALE (P. BARANGER, Dir^r.)
5, rue de l'Arsenal, 5.

1879.

CATALOGUE

DE LA

BIBLIOTHÈQUE POPULAIRE

DE GRAÇAY (Cher)

SECTION A.

Philosophie. — Morale. — Économie politique et sociale. — Législation. — Pédagogie. — Éducation.

	Nre de Vol.	No du Cat.
M. Block. — Manuel d'économie politique....	1	12
Delapalme. — Le Premier Livre du citoyen...	1	14
Néron. — Associations ouvrières............	1	15
Mme Hippeau. — Cours d'Économie domestique	1	16
De Girardin. — Pouvoir et Impuissance......	1	44
— — Questions philosophiques....	1	45
De Maistre. — Mélanges de Joseph de Maistre	1	46
De Girardin. — Pensées et Maximes..........	1	47
— — Le Condamné du 6 mars.. ...	1	48
Dictionnaire de la Spéculation................	1	49
Vergani. — Grammaire italienne.............	1	52
Veuillot. — Dialogues socialistes............	1	65
Lamennais. — Paroles d'un Croyant..........	1	67
Goubeau. — Traité d'Arbitrage en matières civiles	2	83
A Reporter.....	15	

	Nre de Vol.	No du Cat.
Report.....	15	
Arithmétique décimale...........................	1	95
LHOMOND. — Grammaire française............	9	96
BERTAUT. — Grammaire française............	1	106
Théorie des Lois civiles......................	2	137
BARRAU. — Conseils aux ouvriers............	1	194
SILVIO PELLICO. — Des Devoirs des hommes..	1	195
Mme BEAUDOUX. — La Science maternelle.....	1	196
LAMENNAIS. — De la Société première et des Lois...	1	197
Mme PECQUEUR. — Améliorations maternelles.	1	198
Mlle BOIELDIEU. — Les Droits des travailleurs.	1	199
DE LAJOLAIS. — Le Livre des mères de famille.	1	201
GASE. — Le Livre des pères de famille........	1	202
PROUDHON. — Capacité politique des classes ouvrières...................................	1	203
THÉVENIN. — La Cruauté envers les animaux.	1	204
LEFÈVRE. — Les Oiseaux sont utiles..........	1	205
— — Ivrognerie et Ignorance..........	1	206
MAZARON. — Projet d'une Constitution........	1	207
CHOTTEAU. — L'Instruction en Amérique......	1	209
PUISSANT. — Erreurs et Préjugés.............	1	211
Lettres sur la Philosophie......................	1	213
SAISSET. — Critique et Histoire de la Philosophie...	1	214
DE LAVELEYE. — L'Instruction du peuple.....	1	231
SCHMITT. — Essai d'Instructions morales et civiques	1	232
FOUCOU. — Histoire du Travail	1	238
FRANCK. — La Morale pour tous..............	1	239
JEAN MACÉ. — Morale et Action...............	1	240
BARRAU. — Conseils aux ouvriers............	1	244
ENFANTIN. — Correspondance politique.......	1	260
ABOUT. — A B C du Travailleur..............	1	272
HIPPEAU. — L'Instruction publique aux Etats-Unis...	1	308
BRÉAL. — Quelques mots sur l'Instruction publique.....................................	1	309
BRIAUT. — Silhouettes politiques.............	1	361
A Reporter.....	56	

	Nro de Vol.	No du Cat.
Report	56	
Jean Macé. — Les Idées de Jean-François	1	362
Mme Carraud. — Les Veillées de maître Patrigeon	1	370
De Beaulieu. — Petit Manuel d'Economie politique	1	371
Stuart Mill. — Assujettissement des femmes	1	373
Leymarie. — Tout par le Travail	1	387
Dupont White. — La Liberté	1	388
Mme Carraud. — Le Livre des Jeunes filles	1	389
Martinelli. — Entretien sur l'Economie politique	1	390
Dr Leborgue. — Influence de l'éducation	1	392
L'Abbé Orse. — Le Travers de l'humanité	1	408
St-Vincent-de-Paul. — Lectures et Conseils	1	415
Jean Macé. — L'Arithmétique du grand Papa	1	424
Caignault. — Mon Testament politique	1	427
De Lamartine. — Le Conseiller du peuple	3	432
— — Présent, Passé, Avenir de la République	1	435
Lefèvre. — Ce que sont nos Ecoles	1	444
Progrès de la France sous le gouvernement impérial	1	446
Lud. Martinet. — L'Instruction primaire supérieure	1	450
Poujard'hieu. — La Liberté	1	454
Arnoul. — Influence des récompenses	1	458
— — Conseils à la jeunesse	1	459
Mme Laboulais. — Amélioration de l'ouvrier	1	463
Mme Gras. — De la Charité	1	466
Ménier. — La Réforme fiscale	1	467
Mme Debierne. — Leçons d'éducation et de morale	1	469
Problèmes d'arithmétique	1	470
Lefevre. — La Ligue de l'Enseignement	1	473
Dickens. — La Mort de l'ivrogne	1	474
Robert. — Le Salut par l'éducation	1	475
Lefèvre. — L'Union par l'Instruction	1	476
— — Pauvre Jacques	2	477
A Reporter	90	

	N° de Vol.	N° du Cat.
Report..... 90		
Mme DE LA SALLE. — Les Crèches............	1	479
MANTELET. — Système métrique..............	1	481
ARNOUL. — Nécessité de régénérer la France..	1	482
FAUVETY. — La Solidarité...................	1	493
DAVAINE. — Les Eléments du bonheur........	1	496
HALPHEN et FRAUDON. — Des Sociétés coopératives..	1	497
Journal des Bibliothèques populaires..........	2	498
LEFÈVRE. — Ce que sont nos Ecoles..........	1	500
REYNAUD. — Lectures variées................	1	506
DE GASPARIN. — Le Bonheur.................	1	507
— — La Famille..................	2	508
— — L'Ennemi de la Famille......	1	509
— — La France, nos Fautes, etc...	2	510
Mme DE GASPARIN. — Sept Hommes............	1	511
BRELAY. — Le Malentendu social............	1	512
RAMPAL. — Cours d'Economie politique......	2	513
DE GASPARIN. — La Conscience..............	1	514
PESTALOZZI. — Méthode d'éducation.........	1	515
GUYHO. — L'Armée, son organisation.........	1	516
WOLOWSKI. — La Monnaie...................	1	520
FRANKLIN. — La Science du bonhomme Richard......................................	1	521
LESCARRET. — Entretien sur l'Economie sociale......................................	1	522
DE GASPARIN. — La Liberté morale...........	2	525
VAUCHEZ. — Ligue de l'Enseignement........	1	526
DE GASPARIN. — L'Egalité...................	1	542
— — Un grand Peuple qui se relève	1	543
— — Le Bon vieux Temps........	1	544
— — Luther et la Réforme........	1	545
— — Innocent III.................	1	546
— — Les Ecoles du doute.........	1	547
L. MARTINET. — Nos Ennemis et nos Amis....	1	548
DE GASPARIN. — Pensées de Liberté..........	1	549
Petit Code rural des Contributions directes....	1	574
LITTRÉ et BEAUJEAN. — Dictionnaire français.	1	592
M. BLOCK. — Manuel d'Economie pratique....	1	627
A Reporter..... 130		

	Nre de Vol.	No du Cat.
Report.....	130	
VANIER. — Notions de commerce et de comptabilité........	1	628
BASTIAT. — Ce qu'on voit..............	1	630
PÉRISSAT. — Petites Leçons de Droit..........	1	631
DE GASPARIN. — Paroles et Vérité..........	1	634
— — L'Amérique devant l'Europe.	1	635
— — Luther et la Réforme........	1	636
— — Innocent III...............	1	637
— — Le Bon vieux Temps........	1	638
DE LAMENNAIS. — Le Livre du Peuple.......	1	641
E. LEFÈVRE. — Pauvre Jacques..............	1	642
L'Education par l'Histoire............	1	643
La Ligue de l'Enseignement............	4	645
LABOULAYE. — Discours prononcé à la Société Franklin....	1	649
Société d'encouragement au bien...........	3	650
Cercle Girondin.......................	1	652
Groupe Havrais.......................	2	653
E. LEFÈVRE. — Ce que sont nos Écoles.......	1	658
Cathéchisme National..................	1	659
La Commune agricole..................	1	660
L'Ecole Mutuelle......................	18	714
DE LA BOÉTIE. — Discours sur la servitude...	1	719
J.-J. ROUSSEAU. — Le Contrat social.........	1	721
LAMENNAIS. — Paroles d'un Croyant..........	1	723
D'ALEMBERT. — Discours sur l'Encyclopédie..	1	726
CONDORCET. — Progrès de l'Esprit humain.....	2	732
J.-J. ROUSSEAU. — Emile....................	4	740
MABLY. — Droits et Devoirs des Citoyens.....	1	743
D'ALEMBERT. — Destruction des Jésuites......	2	744
PASCAL. — Pensées.....................	1	747
FÉNÉLON. — Télémaque...................	3	748
ALFIERI. — De la Tyrannie................	1	749
LA BRUYÈRE. — Les Caractères.............	2	750
PASCAL. — Lettres provinciales.............	2	753
CHAMFORT. — Œuvres choisies.............	3	754
CAMILLE DESMOULINS. — Œuvres choisies.....	2	758
LAMENNAIS. — Le Livre du peuple...........	1	759
A Reporter.....	200	

	Nre de Vol.	No du Cat.
Report.....	201	
J.-J. Rousseau. — De l'Inégalité.............	2	763
Descartes. — Discours sur la méthode.......	1	765
Lamennais. — Du Passé et de l'Avenir des peuples................................	1	773
Beccaria. — Traité des Délits et des Peines...	1	775
Vauban. — La Dîme royale.................	1	783
Total de la section A...	207	

SECTION B.

Histoire. — Biographies. — Géographie. — Voyages. — Récits.

Simonin. — Les Pays lointains................	1	2
De Lanoye. — Voyage dans le royaume de Siam................................	1	4
Labouchère. — Oberkampf..................	1	10
Cauchois-Lemaire. — Lettres historiques....	1	79
Van der Vynckt. — Histoire des Troubles du Pays-Bas............................	3	80
Jay. — Discours du général Foy..............	2	85
Mémoires sur Mirabeau......................	3	87
Abrégé d'Histoire sainte......................	5	90
Lasserre. — Notre-Dame de Lourdes.........	1	105
Dictionnaire de Géographie...................	8	120
Vertot. — Révolutions romaines.............	2	135
Cardinal de Retz. — Mémoires...............	3	139
Joly. — Mémoires...........................	2	142
Magin. — Histoire de France.................	1	144
Feillet. — La Misère du temps de la Fronde.	1	200
Barni. — Napoléon Ier	1	210
Michelet. — Jeanne d'Arc..................	1	242
Badin. — Jean Bart........................	1	243
Laboulaye. — Benjamin Franklin............	3	245
Badin. — Duguay-Trouin....................	1	248
A Reporter.....	42	

	Nre de Vol.	No du Cat.
Report.....	42	
LAMARTINE. — Conjuration de Cinq-Mars......	1	249
— — Gutenberg..................	1	250
DE BONNECHOSE. — Bertrand Duguesclin.....	1	252
BARON ERNOUF. — Trois Ouvriers français.....	1	253
CHARTON. — Trois pauvres Enfants...........	1	254
BARON ERNOUF. — Deux Inventeurs célèbres..	1	255
JONVEAUX. — Quatre Ouvriers anglais........	1	256
BERNARD. — Vie d'Oberlin...................	1	258
SPEKE et GRANT. — Les Sources du Nil........	1	261
DE LANOYE. — Le Nil et ses Sources..........	1	262
WALLON. — Jeanne d'Arc...................	1	264
LACOMBE. — Histoire du peuple..............	1	265
MARCOY. — Scènes et Paysages dans les Andes	1	266
Histoire des Empereurs romains..............	12	276
Géographie universelle......................	6	288
Histoire philosophique......................	10	294
HEUTEL. — Histoire de la Russie..............	2	304
VALMONT. — Bibliothèque des Mémoires......	1	307
JACQUES ARAGO. — Souvenirs d'un Aveugle...	1	342
Mlle ELLIOT. — Mémoires....................	1	349
CH. EDMOND. — L'Egypte....................	1	364
THIERRY. — Récits des temps mérovingiens...	2	365
— — Lettre sur l'Histoire de France...	1	367
CHAIGNET. — Vie de Socrate..................	1	368
GÉRARD. — Voyages et Chasses dans l'Himalaya	1	378
BERCHER. — Le Désert de Suez...............	1	380
MARMIER. — Lettres sur la Russie............	1	381
— — Souvenir d'un voyageur.........	1	382
LAUGER. — Les Etats-Unis pendant la guerre.	1	383
PERRON D'ARC. — Voyage en Australie........	1	384
AUDIAT. — Bernard Palissy	1	386
SIMONIN. — Le grand Ouest..................	1	393
MÉRY. — La guerre du Nizam................	1	395
— — La Floride.........................	1	396
MAURY. — Géographie physique..............	1	397
LEBAS. — Histoire romaine..................	1	411
Magasin historique.........................	2	416
Usages, Mœurs, Costumes des nations........	2	418
A Reporter.....	109	

	N^{ro} de Vol.	N° du Cat.
Report....	109	
VAYSSÉ DE VILLIERS. — Itinéraire descriptif...	1	426
Mon Journal pendant le siége...............	1	429
GILLET-DAMITTE. — La Perse................	1	460
ROBERT et ARNOUL. — Les Siéges mémorables.	1	464
FONCIN. — Histoire de France..............	1	468
TEISSIER. — Géographie de la France........	1	471
Le Biographe.............................	1	504
LORÉDAN-LARCHEY.— Mémoires du XIXᵉ siècle	1	518
LOUIS LANDE. — Le sergent Hoff............	1	519
LOUIS BOISSIER. — Le Conflit américain......	1	523
DU HAILLY. — Campagnes et Stations........	1	524
DE SAINT-ANDRÉ. — Livingstone	1	536
JOUAULT. — Lincoln.......................	1	540
SARCEY. — Le Siége de Paris...............	1	541
GŒPP et CORDIER. — Les Navigateurs célèbres.	1	556
WASHINGTON-IRVING. — Christophe Colomb....	1	567
H. LEBRUN. — Fernand Cortez...............	1	569
IDA PFEIFFER. — Voyage autour du monde...	1	570
— — Mon second voyage.........	1	571
MICHELET. — Précis de l'Histoire romaine.....	1	572
H. CONSCIENCE. — Scènes de la Vie flamande.	2	575
G. FERRY. — La Vie sauvage au Mexique.....	1	578
CH. DE BONNECHOSE. — Montcalm............	1	591
CATLIN. — La Vie chez les Indiens..........	1	600
DE COMPIÈGNE. — L'Afrique équatoriale......	1	601
DE BEAUVOIR. — Australie..................	1	603
— — Pekin, Yedo, San Francisco..	1	604
— — Java, Siam, Canton.........	1	605
ROUSSET. — Les Volontaires 1791-1794........	1	606
SIMONIN. — Le Grand Ouest................	1	609
GERSTACKER. — Colonie d'Emigrants.........	1	611
PERRON D'ARC. — Aventures en Australie.....	1	613
H. LEBRUN. — Voyage de Cook..............	1	614
MANUEL et ALVAREZ. — La France............	4	622
PIGEONNEAU. — Géographie commerciale......	1	629
DE VAULABELLE. — Ligny, Waterloo	1	632
CORTAMBERT. — Petit Atlas.................	1	633
Mᵐᵉ DE GASPARIN. — Constantinople.........	1	640
A Reporter....	151	

	Nre de Vol.	No du Cat.
Report....	151	
VANDEL. — Les Impressions d'un Pélerin	1	657
L. MARTINET. — Chemin de fer d'Argent	1	662
HERVÉ et DE LANOYE. — Voyages au Pôle arctique	1	664
Mme DE GASPARIN. — Voyage au Levant	2	665
VALÉRY. — Voyages en Italie	1	670
ALC.t D'ORBIGNY. — Voyage dans les deux Amériques	1	686
BELZONI. — Voyages en Egypte et en Nubie	2	699
SAINT-GERMAIN. — Vie de Turenne	1	700
— Episodes de guerre	1	703
KUBALSKI. — Voyages en Océanie	1	704
SUÉTONE. — Histoire des douze Césars	2	717
JEUDI-DUGOURD. — Histoire de Cromwell	1	718
VOLTAIRE. — Histoire de l'Empire russe	2	724
LINGUET. — Mémoires sur la Bastille	1	729
CONDORCET. — Vie de Voltaire	1	737
VERMOREL. — Vie de Mirabeau	5	738
FERRARI. — Machiavel	1	739
DEVELAY. — Conjuration de Catilina	1	746
Mme ROLLAND. — Mémoires	4	757
PLUTARQUE. — Vie de César	1	760
P.-L. COURRIER. — Lettres sur l'Italie	2	770
VOLTAIRE. — Siècle de Louis XIV	4	774
TACITE. — Vie d'Agricola	1	784
Le Coup d'Etat du 2 Décembre	1	791
TOTAL de la section B..	190	

SECTION C.

Littérature. — Contes. — Nouvelles. — Romans. — Théâtre. — Poésie.

REVOIL. — Les deux Convicts	1	9
PIOTROWSKI. — Souvenir d'un Sibérien	1	11
BERNARD. — Les Evasions célèbres	1	34
A Reporter.....	3	

	Nre de Vol.	No du Cat.
Report.....	3	
G. SAND. — Spiridion..........................	1	50
PALLAS. — Les Ephémères....................	1	51
TH. GAUTIER. — Caprices en zig-zag...........	1	53
G. AIMARD. — Une Vendetta mexicaine.......	1	54
RABELAIS. — Œuvres..........................	1	55
ABOUT. — Trente et Quarante.................	1	56
BALZAC. — La Cousine Bette.................	1	57
G. SAND. — Lélia............................	3	58
SOPHIE GAY. — Souvenir d'une vieille Femme.	1	61
MIGNAUD. — Bernerette......................	1	62
AL. DUMAS. — Les Drames de la Mer..........	1	63
NORIAC. — Le Drame à la plume noire........	1	64
RICARD. — L'Amour, les Femmes, le Mariage..	1	66
Bon BRISSE. — Les 365 menus.................	1	68
ERKMANN-CHATRIAN. — La Maison forestière...	1	69
DEVOILLE. — Andréas........................	1	70
A. CÉCYL. — Simples Récits.................	1	71
Magazine...................................	7	72
Trésor du Parnasse..........................	4	107
ROUSSEAU. — Emile..........................	2	113
LONGIN. — Traité du Sublime	1	116
RICHARDSON. — Caractères de la mode.........	1	117
ADDISON. — Le Spectateur.....................	6	129
DEVOILLE. — Le Mendiant.....................	1	145
Petites Lectures............................	7	147
LAROUSSE et BOYER. — Trésor poétique........	1	208
C. JURANVILLE. — La Voix des fleurs.........	1	267
CALEMARD DE LAFAYETTE. — La Prime d'honneur	1	268
GAGNEUX. — La Croisade noire................	1	269
FERRY. — Le Courreur des bois...............	2	270
MARMIER. — Lettres sur le Nord..............	1	273
— — Un Eté sur la Baltique	1	275
BARRIÈRE. — L'Espion prussien...............	1	306
Le Magasin d'Illustration...................	1	317
Le Messager de la semaine...................	2	318
Le Journal des campagnes...................	1	320
Les cinq Centimes illustrés.................	1	321
A Reporter.....	65	

	Nre de Vol.	No du Cat.
Report......	65	
COOPER. — L'Espion..........................	1	322
— — Satanstoë	1	323
— — Le Pilote........................	1	324
— — Le Bourreau......................	1	325
— — Les Pionniers.....................	1	326
— — Les deux Amiraux.................	1	327
— — Le Lion de mer....................	1	328
— — Le Paquebot......................	1	329
— — Eve Effingham....................	1	330
WALTER SCOTT. — Ivanohë	1	331
— — Les Puritains.................	1	332
GOLDSMITH. — Le Vicaire de Wackefield......	1	333
SILVIO PELLICO. — Mes Prisons...............	1	334
COOPER. — Le Camp des Païens..............	1	335
WALTER SCOTT. — La Fiancée de Lamermoor..	1	336
— — Quentin Durward...............	1	337
COOPER. — Fleur des Bois....................	1	338
— — Le dernier des Mohicans..........	1	339
— — La Prairie.......................	1	340
DE SAINT-MARTIN. — Don Quichotte...........	1	344
QUINET. — Œuvres complètes.................	4	345
HUGO. — Le Rhin...........................	4	350
SWIFT. — Gulliver...........................	1	354
PRUD'HON. — L'Amour conjugal..............	1	355
DELALANDELLE. — La Frégate l'introuvable...	1	356
ALPH. KARR. — La Pêche....................	1	357
SOUVESTRE. — Lectures journalières..........	1	358
Saints et Sanctuaires de la France.............	2	359
MARMIER. — Chants populaires du Nord......	1	369
FERRY. — La Vie sauvage au Mexique........	1	372
VEUILLOT. — Critiques et Croquis............	1	374
Mme CARRAUD. — Une Servante d'autrefois.....	1	391
MAYNE-REID. — Les Chasseurs de Girafes.....	1	398
— — Les Jeunes Esclaves	1	397
— — Aventures de Terre et de Mer.	1	400
BUFFON. — Œuvres choisies..................	1	404
LAFONTAINE. — Œuvres choisies..............	1	404
Mme CARRAUD. — Maurice....................	1	405
A Reporter....	110	

	N^{ro} de Vol.	N^o du Cat.
Report.....	110	
BARRIÈRE. — Les Mémoires................	1	406
Mme CARRAUD. — Lettres de Famille..........	1	407
LAMARTINE. — Recueillements poétiques......	1	410
L'ABBÉ PRÉVOST. — Contes et Faits singuliers.	1	412
COOPER. — Le Feu-Follet...................	4	420
LAMARTINE. — Geneviève...................	1	430
VIARDOT. — Souvenirs de Chasse............	1	437
Mme CARRAUD. — Goûters de la Grand'mère....	1	438
HUGO. — Han d'Islande....................	2	439
GABORIAU. — Les Esclaves de Paris..........	1	441
Mme CARRAUD. — Contes et Historiettes.......	1	448
DE LUSSAC. — Nos Contemporains	1	452
LAMARTINE. — Graziella....................	1	455
BELMONTET. — Odes nationales	1	461
DE NAVERY. — Zacharie...................	1	462
Almanach algérien pour 1872	1	480
ERKMANN-CHATRIAN. — Madame Thérèse......	1	484
— — L'Ami Fritz..........	1	485
— — Contes et Romans populaires..................................	1	486
ERKMANN-CHATRIAN. — Histoire d'un Paysan.	1	487
MAYNE-REID. — Le Chasseur de Plantes......	1	488
— — Les Grimpeurs de Rochers....	1	489
COOPER. — Le Robinson Américain	1	490
VERNE. — Le capitaine Hatteras	1	491
CARRANCE. — L'Avenir.....................	1	494
PORCHAT. — Trois mois sous la neige........	1	495
GLATIGNY. — Jour de l'an d'un Vagabond.....	1	501
Cri d'alarme, poésies	1	502
J. et L. RACINE. — Chefs d'œuvre.............	1	503
Le véritable Sancho Panza...................	1	517
VERNE. — Le Tour du Monde................	1	528
— — Cinq semaines en Ballon........	1	529
ERKMANN-CHATRIAN. — Le Conscrit de 1813...	1	530
— — Histoire d'un Sous-Maître..	1	531
ERKMANN-CHATRIAN. — L'Invasion............	1	532
— — Le Blocus	1	533
A Reporter.....	150	

	Nre de Vol.	No du Cat.
Report....	150	
ERKMANN-CHATRIAN. — Waterloo............	1	534
MOYNIER. — La Croix rouge................	1	535
GOUBAUX. — Nouvelles.....................	1	537
SANDEAU. — Mademoiselle de Kerouare..	1	538
MOLAND. — Par Ballon monté..............	1	539
DICKENS. — Nicolas Nickleby...............	2	550
MISS CUMMINS. — L'Allumeur de Reverbères...	1	552
KARR. — Rose et Jean Duchemin............	1	553
GOGOL. — Tarass Boulba...................	1	554
CERVANTÈS. — Don Quichotte...............	1	555
GOLDSMITH. — Le Vicaire de Wackefield......	1	557
MALOT. — Romain Kalbris.................	1	558
SOUVESTRE. — Un Philosophe sous les toits ...	1	559
Mme FIGUIER. — Mos de Lavène.............	1	560
BONBONNEL. — Le Tueur de Panthères.......	1	561
SOUVESTRE. — Mémorial de Famille..........	1	562
VERNE. — Cinq semaines en Ballon..........	1	563
VALLERY-RADOT. — Journal d'un Volontaire..	1	564
BERNARDIN DE SAINT-PIERRE. — Œuvres choisies.................................	1	565
BEECHER STOWE. — La Case de l'Oncle Tom...	1	566
SILVIO PELLICO. — Mes Prisons.............	1	568
SOUVESTRE. — Sous la Tonnelle.............	1	573
CONSCIENCE. — Batavia....................	1	577
MAYNE-REID. — L'Habitation du Désert.......	2	579
— — Les Grimpeurs de Rochers....	1	580
FERRY. — Le Coureur des Bois..............	2	581
MÉRIMÉE. — Colomba.....................	1	583
SOUVESTRE. — Les Soirées de Meudon.......	1	584
— — Confession d'un Ouvrier.....	1	585
GOTTHELF. — L'Ame et l'Argent...........	1	586
D. DE FOE. — Robinson Crusoé	1	587
SOUVESTRE. — Au coin du Feu.............	1	588
POUSCHKINE. — La Fille du Capitaine.......	1	589
SWIFT. — Gulliver........................	1	590
Mme FIGUIER. — Le Gardian de la Camargue..	1	593
MAYNE-REID. — Les Vacances des jeunes Boërs...................................	1	594
A Reporter....	189	

	Nre de Vol.	No du Cat.
Report.... 189		
MAYNE-REID. — Le Chasseur de Girafes	1	595
— — Le Désert d'eau.	1	596
— — William le mousse.	1	597
— — Les Exilés dans la Forêt.	1	598
— — Le Chasseur de Plantes	1	599
DICKENS. — Contes de Noël.	1	607
WYSS. — Robinson suisse	1	612
G. SAND. — La Mare au Diable.	1	616
J. VERNE. — Trois Russes et trois Anglais.	1	617
CHAZEL. — Le Châlet des Sapins.	1	618
J. GÉRARD. — Le Tueur de Lions	1	619
ABOUT. — Maître Pierre.	1	620
ASSOLANT. — François Buchamor	1	621
DUCHAPT. — Fables	1	639
FALGUEIRETTES. — On lit dans la Vie parisienne	1	655
La Ruche Parisienne.	2	663
Mme FARRENC. — Pierrette ou la Vertu	1	666
Mlle OTTO. — Journal des deux Amies.	3	667
TRÉBUTIEN. — Maurice et Eugénie de Guérin.	2	669
BALZAC. — Le Curé de Village.	1	671
— — La Femme de trente ans	1	672
Le Journal du Dimanche	1	673
Bibliothèque de Romans choisis.	1	675
TOPFFER. — Nouvelles Génevoises.	1	676
MICHEL MASSON. — Les Contes de l'Atelier.	1	677
BALZAC. — Le père Goriot	1	678
HILDRETH. — L'Esclave blanc	1	679
BALZAC. — Eugénie Grandet.	1	680
— — Un Ménage de garçon	1	681
BEECHER STOWE. — La Case de l'Oncle Tom.	1	682
Le Musée des Familles	2	683
La Presse Littéraire.	3	685
TH. PUECH. — Le Carnaval des Rois.	1	687
E. SOUVESTRE. — Sous les Ombrages	1	688
ERKMANN-CHATRIAN. — Histoire du Plébiscite.	1	689
H. CONSCIENCE. — Le Tribun de Gand.	2	690
DE GASPARIN. — Les Droits du cœur	1	691
MÉRY. — La Vie fantastique	1	692
A Reporter.... 235		

	Nre de Vol.	No du Cat.
Report.....	235	
Balzac. — Eugénie Grandet..................	1	693
Ch. Deulin. — Contes d'un Buveur de bière..	1	694
H. Murger. — Le Sabot rouge................	1	695
Cherbuliez. — Un Cheval de Phidias.........	1	696
H. Conscience. — Scènes de la vie flamande..	2	697
— — Les Veillées flamandes.....	1	698
Enduran. — Le Highlander..................	1	701
C. E. P. — Les Orphelins de la Beauce........	1	702
Just Girard. — Le père Tropique............	1	705
— — La Saint-Nicolas.............	1	706
Elisa Frank. — Dick Morton................	1	708
De Valincourt. — Le Mouleur de l'Empereur.	1	709
Céline Fallet. — Agnès ou la Vanité........	1	710
Ch. Virmaitre. — Les Virtuoses du trottoir...	1	711
Ch. de Bernard. — L'Anneau d'argent	1	712
Stern. — Voyage sentimental................	1	713
Diderot. — Le Neveu de Rameau............	1	715
Swift. — Gulliver.........................	2	716
Diderot. — Romans et Contes...............	3	720
Stern. — Voyage sentimental................	1	722
P.-L. Courrier. — Chefs d'œuvre............	2	725
Montesquieu. — Lettres persanes............	2	727
Gœthe. — Hermann et Dorothée.............	1	728
De Maistre. — Les Prisonniers du Caucase...	1	730
Gœthe. — Werther.........................	1	731
Diderot. — Paradoxes sur le comédien........	1	733
Voltaire. — Candide.......................	1	734
— — L'Homme aux Quarante écus....	1	735
Molière. — Don Juan......................	1	736
L'abbé Prévost. — Manon Lescaut............	1	741
Cazotte. — Le Diable amoureux.............	1	742
Boileau. — Satires ; le Lutrin...............	1	745
Gresset. — Vert-Vert......................	1	751
Schiller. — Guillaume Tell..................	1	752
Brillat-Savarin. — Physiologie du goût.....	2	755
Horace. — Poésies.........................	2	756
Scarron. — Le Roman comique..............	3	761
La Fontaine. — Fables.....................	2	762
A Reporter....	284	

	Nre de Vol.	No du Cat.
Report	284	
Tassoni. — Le Sceau enlevé................	2	764
Schiller. — Les Brigands..................	1	766
Dante. — L'Enfer.........................	2	767
Beaumarchais. — Mémoires................	5	768
Bernardin de Saint-Pierre.—Paul et Virginie	1	769
Cervantès. — Don Quichotte................	4	771
Regnard. — Le Joueur.....................	1	772
Vauvenargues. — Œuvres choisies..........	1	776
Rabelais. — Œuvres.......................	5	777
Marivaux. — Œuvres choisies..............	2	778
Racine. — Les Plaideurs...................	1	779
Molière. — L'Etourdi......................	1	780
Racine. — Esther..........................	1	781
Lesage. — Gil Blas........................	2	782
— — Turcaret........................	1	785
Voltaire. — Jenny.........................	1	786
— — La Princesse de Babylone......	1	787
— — Zadig............................	1	788
Colin d'Harleville. — Le vieux célibataire..	1	789
Goldsmith. — Le Ministre de Wakefield......	2	790
Les Français peints par eux-mêmes..........	2	792
Corneille. — Chefs d'œuvre	2	794
Total de la section C...	324	

SECTION D.

Beaux-Arts. — Sciences. — Industrie. — Agriculture.

Bertrand. — Révolutions du globe...........	1	1
Zurcher et Margollé. — Histoire de la navigation..	1	3
Biart. — Aventures d'un jeune naturaliste...	1	5
Muller. — Le Marchand de nouveautés......	1	6
Deherrypon. — La Marchande de poissons...	1	7
Materne. — Boutique et comptoir...........	1	8
A Reporter.....	6	

	N^ro de Vol.	N° du Cat.
Report.....	6	
DE LAVERGNE. — Economie rurale de l'Angleterre....................	1	13
LE PILEUR. — Le Corps humain.............	1	17
GUILLEMIN. — Le Chemin de fer.............	1	18
MILLET. — Fleuves et Ruisseaux............	1	19
TISSANDIER. — La Houille...................	1	20
MARION. — Ballons et Voyages aériens........	1	21
— — L'Optique.................	1	22
ZURCHER et MARGOLLÉ. — Ascensions célèbres	1	23
DEPPING. — Force et Adresse................	1	24
DIEULAFAIT. — Diamants et Pierres précieuses	1	25
BOCQUILLON. — La Vie des plantes.........	1	26
DEHERRYPON. — Merveilles de la chimie......	1	27
MEUNIER. — Les Grandes pêches.............	1	28
BAILLE. — L'Electricité......................	1	29
ZURCHER et MARGOLLÉ. — Les Météores.......	1	30
BADIN. — Grottes et Cavernes...............	1	31
CAZIN. — Les Forces physiques..............	1	32
MARION. — Merveilles de la végétation.......	1	33
TISSANDIER. — L'Eau......................	1	35
BADAU. — L'Acoustique.....................	1	36
MARZY. — L'Hydraulique...................	1	37
MÉNAULT. — Intelligence des animaux........	1	38
SAUREL. — Le Fond de la mer...............	1	39
ZURCHER et MARGOLLÉ. — Les Glaciers.......	1	40
SAUZAY. — La Verrerie.....................	1	41
LANDRIN. — Les Monstres marins............	1	42
DE FONVIELLE. — Eclairs et Tonnerre........	1	43
Traité des Jardins	2	118
LEFÈVRE. — Taille des arbres...............	1	154
REY. — L'Agriculteur praticien..............	1	155
JOIGNEAUX. — Chimie agricole...............	1	156
BOUQUET DE LA GRYE. — Guide des Forestiers.	1	157
VILLEROY. — Manuel de l'Agriculteur.........	1	158
BORIE. — Les Jeudis de M. Dulaurier.........	2	159
SANSON. — Médecine vétérinaire.............	1	161
VILLEROY. — L'Eleveur des bêtes à laine.....	1	162
RENDU. — Culture du sol....................	1	163
A Reporter.....	45	

	Nre de Vol.	No du Cat.
Report....	45	
Heuzé. — Le Porc............................	1	164
De Dampierre. — Races bovines.............	1	165
Bastian. — Les Abeilles.......................	1	166
Joigneaux. — Causeries sur l'agriculture.....	1	167
Lavergne. — Agriculture des terrains pauvres	1	168
Passy. — Systèmes de culture en France.....	1	169
Lecouteux. — Culture améliorée............	1	170
Sanson. — Les Moutons......................	1	171
Basserie. — Manuel hippique................	1	172
Lefour. — Comptabilité agricole............	1	173
Heuzé. — Formules des fumures............	1	174
Damourette. — Calendrier du métayer	1	175
Puvis. — Arbres fruitiers....................	1	176
Gayot. — Achat du cheval...................	1	177
De Gasparin. — Le Fermage.................	1	178
Villeroy. — Bêtes à cornes...................	1	179
De Gasparin. — Le Métayage................	1	180
Magne. — Choix des Vaches laitières........	1	181
Lefour. — Sol et Engrais....................	1	182
— — Animaux domestiques...........	1	183
Pelletan. — Pigeons, Dindons, Oies, Canards.	1	184
Sanson. — La Maréchalerie..................	1	185
Gayot. — Poules et Œufs.....................	1	186
Lachaume. — Poiriers et Pommiers	1	187
Joigneaux. — Jardinage	1	188
Lefour. — Cheval, Ane, Mulet...............	1	189
Rendu. — Culture des plantes................	1	190
Paté. — Revers et succès en agriculture......	1	191
Houel. — Le Cheval en France...............	1	192
Saintoin-Leroy. — Comptabilité simplifiée...	1	193
Hément. — Conférences du quai Malaquais...	1	212
Thévenin. — Cours d'économie industrielle...	7	215
— — Association polytechnique......	1	222
— — Entretiens populaires..........	7	223
De Parville. — Causeries scientifiques.......	2	233
Figuier. — Principales découvertes...........	1	235
— — L'Année scientifique.............	2	236
Reclus. — Histoire d'un ruisseau............	1	241
A Reporter.....	97	

	Nre de Vol.	No du Cat.
Report.....	97	
RECLUS. — Les Phénomènes terrestres........	1	257
GRATIOLET. — De la Physionomie.............	1	259
PASSY. — Les Machines......................	1	263
FLAMMARION. — Contemplations scientifiques.	1	274
Mme CARRAUD. — Métamorphoses d'une goutte d'eau.......	1	310
La Science pour tous........................	6	311
DE SAINT-SAUVEUR. — L'antique Rome........	1	341
BOITARD. — Le Jardin des plantes............	1	343
RENDU. — Mœurs pittoresques des insectes...	1	375
HÆFER. — Les Saisons......................	2	376
GUILLEMIN. — Les Mondes...................	1	379
RECLUS. — Les Phénomènes terrestres........	1	385
POUJARD'HIEU. — Les Chemins de fer.........	1	394
GRIMARD. — La Goutte de sève...............	1	401
ZURCHER et MARGOLLÉ. — Le Monde sous-marin...................................	1	402
ZURCHER et MARGOLLÉ. — Les Tempêtes......	1	403
BAILLY DE MERLIEU. — Encyclopédie portative	1	409
Annuaire du bureau des longitudes (1867).....	1	413
LEBŒUF. — Bons légumes....................	1	414
Mme MEUNIER. — Les Causeries du Docteur....	1	425
LEBŒUF. — Arbres fruitiers...................	1	428
Journal des connaissances utiles.............	1	431
BASTIAT. — Ce qu'on voit....................	1	442
MARTINET. — Le Galéga......................	1	449
— — Les Engrais chimiques..........	1	451
Bulletin de la Société industrielle d'Amiens...	5	453
Bulletin de la Société d'encouragement au bien	5	456
Bulletin de la Société d'instruction..........	2	457
Dr WAHU. — Hygiène populaire..............	1	465
Dr BLACKWELL. — Religion de la santé........	1	472
Dictionnaire de la conversation 1832-1839.....	52	483
LEFÈVRE. — Les Oiseaux sont utiles..........	1	499
H. LECOQ. — Botanique populaire............	1	505
MARTINET. — Elagage des Essences forestières.	1	527
— — Nos Ennemis et nos Amis......	1	548
PÉRISSAT. — Economie rurale................	1	602
A Reporter.....	199	

	Nre de Vol.	No du Cat.
Report....	199	
BREWER. — La Clef de la science............	1	608
MISS NICHTINGALE. — Soins à donner aux malades...	1	610
Mme MEUNIER. — Le Docteur au village.......	1	615
Dr RIANT. — L'Alcool et le Tabac.............	1	626
BUFFON. — Morceaux choisis.................	1	644
V. VINOT. — Le petit Astronome.............	1	656
MARTINET. — Le Berry préhistorique.........	1	665
TOUSSENEL. — L'Esprit des bêtes............	1	668
JULES MASSÉ. — La Santé universelle.......	3	684
GARRIGUES. — Lectures sur les sciences......	1	707
Total de la section D...	211	

FIN.

www.ingramcontent.com/pod-product-compliance
Lightning Source LLC
Chambersburg PA
CBHW070500080426
42451CB00025B/2965